Leserabe

1. Lesestufe

THiLO

Trixi und die wilden Wikinger

Mit Bildern von Martina Theisen

Mildenberger Verlag
Ravensburger Buchverlag

Bibliografische Information der Deutschen Nationalbibliothek:

Die Deutsche Nationalbibliothek verzeichnet diese Publikation
in der Deutschen Nationalbibliografie.
Detaillierte bibliografische Daten sind im Internet
über http://dnb.d-nb.de abrufbar.

1 2 3 4 5 E D C B A

Ravensburger Leserabe

Umschlagbild: Martina Theisen
Konzeption Leserätsel: Dr. Birgitta Redding-Korn
Design Leserätsel: Sabine Reddig

Printed in Germany
ISBN 978-3-619-14440-2
(für die Ausgabe im Mildenberger Verlag)
ISBN 978-3-473-38573-7
(für die Ausgabe im Ravensburger Buchverlag)

www.mildenberger-verlag.de
www.ravensburger.de
www.leserabe.de

Inhalt

Ein Streich geht in die Hose

Trixi ist
ein kleines
Wikingermädchen.

Mit 33 wilden Wikingern
wohnt sie in einem Dorf im Norden.

Immer fallen ihr neue Streiche ein.
Im letzten Winter hat Trixi
mitten auf dem Dorfplatz
einen Schneemann gebaut.

Der sah aus wie Lunte,
ihr großer Anführer.

Vor Wut hat er ein Horn
von seinem Helm abgebissen.
Alle anderen Wikinger haben gelacht.

Im Frühling hat Trixi
ihrer zahmen Möwe Snabl heimlich
ein paar Flüche beigebracht.
„Fuchsteufel Lebertran noch mal!“,
krächzte Snabl
beim großen Festschmaus.

Trixis Mutter
hat sich fürchterlich geschämt.
Die anderen Wikinger
haben gelacht.
Jetzt ist Sommer
und Trixi hat wieder
eine witzige Idee.

Mit Snabl auf der Schulter
schleicht sie
zum Drachenschiff.

Mit roten Beeren schminkt sie
dem Drachen einen Kussmund.
Aus Stroh bastelt sie ihm Zöpfe.

„Was für eine süße Drachin!“,
kichert Trixi.
Da ertönt hinter ihr ein Brummen.
Trixi dreht sich um.
Am Strand steht Lunte
mit seinen Wikingern.
Diesmal lacht keiner.

Über ihr Schiff
darf sich niemand lustig machen!
Trixi bekommt eine schlimme Strafe:
Die Wikinger nehmen sie nicht mit
auf die nächste Fahrt übers Meer.

Traurig verkriecht sich Trixi
in ihrem Baumhaus.
Snabl hockt sich neben sie.
Auch er lässt den Kopf hängen.

Ein guter Plan

Spät am Abend ist Trixi
noch immer im Baumhaus.
Sie liegt in ihrer Hängematte
und schmollt.

Da pickt ihr Snabl auf die Schulter.
„Krah, krah, krah!“,
schreit die Möwe.

Das Wikingermädchen versteht alles.
Snabl hat ihr nämlich
die Sprache der Vögel beigebracht.

„Du hast wirklich eine Idee?“,
fragt Trixi.
Snabl nickt und lispelt ihr
etwas ins Ohr.

„Fuchsteufel Lebertran noch mal!“,
jubelt Trixi.
„Genau so machen wir es!“

Leise schleichen sie
zu Luntes Haus.

Vor der Tür steht
seine große Seemannskiste.
Jeder Wikinger nimmt darin
das Wichtigste mit an Bord.

Schnell öffnet Trixi den Deckel.
In Luntes Kiste sind ein Schwert,
ein Bärenfell, ein Kuchen
und natürlich warme Socken!

Trixi springt hinein
und klappt die Truhe wieder zu.

„Jetzt müssen wir nur noch warten!“,
flüstert sie im Dunkeln.
Snabl krächzt zustimmend.
Aber warten ist langweilig!
Kein Wunder, dass Trixi einschläft.

Auf hoher See

Plötzlich wird Trixi wach.
Alles schaukelt und schunkelt.
Geht die Welt unter? Quatsch!
Sie liegt noch immer in der Kiste!

Snabl zieht Luntes Socken zur Seite.
Mit seinem Schnabel macht er
ein winziges Loch in das Holz.
Trixi linst hindurch.

Erst sieht sie nur Luntes Füße,
dann die hohen Wellen.

Sie sind auf dem Meer!
„Hurra!“, kichert Trixi leise.
„Dein Plan hat funktioniert, Snabl!“

Vergnügt teilt Trixi
den Kuchen in zwei Teile.
Die beiden Freunde
sind mächtig hungrig.

Plötzlich wird das Drachenschiff
von einer riesigen Welle
durchgeschüttelt.

Snabl verschluckt vor Schreck
einen Kuchenkrümel.
„Fuchsteufel Lebertran noch mal!“,
flucht die Möwe.

Das war zu laut.
Der Deckel der Kiste
wird aufgerissen.

Die Wikinger starren grimmig
auf die beiden blinden Passagiere.
„Was machst du in meiner Kiste?“,
fragt Lunte sauer.

Schnell versteckt Trixi
den Kuchen hinter ihrem Rücken.

„Ich wollte doch
so gerne mitfahren,
das müsst ihr verstehen!“,
sagt sie.

Und als sie mit Snabl das Lied
von den wilden Wikingern anstimmt,
kann ihr niemand mehr böse sein.
Alle lachen und tanzen fröhlich mit.

Doch dann wird das Schiff
von einem Windstoß erfasst.

Das Segel wird zerfetzt
und alle Ruder fallen ins Meer!

Lunte, der große, starke Wikinger,
ist verzweifelt.
Wie sollen sie jemals
zurück in ihr Dorf kommen?

Gefiederte Freunde

Stundenlang rätseln die Wikinger,
was sie tun sollen.

Der lange Lulatsch
klappert so laut mit den Zähnen,
dass sich Lunte die Ohren zuhält.

Da setzt sich Snabl
auf Trixis Schulter.
„Krah, krah, krah!“,
ruft die Möwe.

Trixi klatscht begeistert
in die Hände.
„Fuchsteufel Lebertran noch mal!
Genau so machen wir es!“,
ruft das Wikingermädchen.

„Gib nicht so an!“,
jammert Lunte.
„Kein Mensch kann Vögel verstehen.
Wir sind verloren!“

Doch Trixi schüttelt den Kopf.

Als der Sturm vorbei ist,
wirft sie Snabl in die Luft.
Schnell verschwindet die Möwe
zwischen den Wolken.

„Wenigstens Snabl
kann sich retten!“,
seufzt der lange
Lulatsch.

Doch fünf Minuten später
traut er seinen Augen kaum.

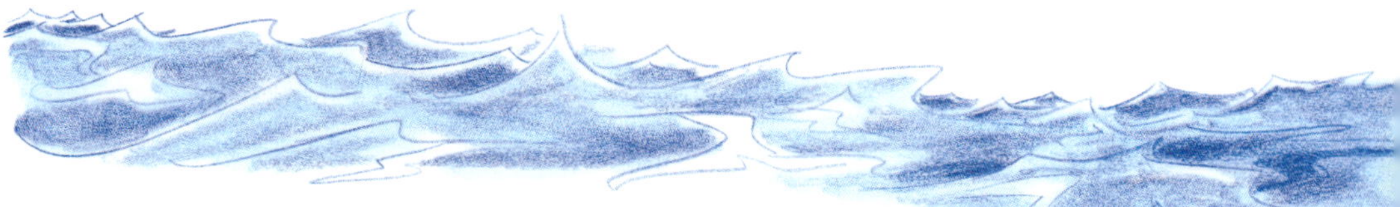

Über den Wellen flattert
ein riesiger Schwarm Möwen.
Snabl fliegt vorneweg.

Kurz darauf landen die Möwen
auf dem Deck des Schiffes.

Trixi steigt auf ein Fass
und hält die Hände an den Mund.
„Krah, krah, krah!“,
ruft sie den Vögeln zu.

Die Möwen nicken.
Sie hocken sich auf den Mast
und breiten die Flügel aus.
Der Wind weht ihnen ins Gefieder.
Das Schiff fährt!

Schnell rennt der lange Lulatsch
zum Ruder.
Ruhig fahren sie in ihr Dorf zurück.
Die Frauen und Kinder
empfangen sie jubelnd.

Am Abend steigt ein großes Fest.
Das ganze Dorf singt das Lied
von den wilden Wikingern.
Die Möwen schnattern im Takt dazu.

„Trixi und Snabl leben hoch!“,
brüllen die Männer immer wieder.
Trixis Mutter ist mächtig stolz
auf ihr kleines Wikingermädchen.

Zum Schluss bringt Lunte seinen Hund Smutje in den Festsaal.

„Trixi, kannst du ihm das Fluchen beibringen?“, fragt er.

Da lachen die Wikinger so laut,
dass plötzlich die Spitze
vom Donnerberg abbricht.
Aber das ist eine andere Geschichte.

Leserabe Leserätsel

Rätsel 1

Seltsam, seltsam

Welches Wort stimmt? Kreuze an!

Der große Anführer heißt
○ Lante.
○ Lunte.
○ Lonte.

Trixi liegt
in der Hängematte und
○ schmatzt.
○ schnarcht.
○ schmollt.

In Luntes Kiste ist ein
○ Kuchen.
○ Kabel.
○ Käfer.

Rätsel 2

Zahlen, Zahlen

Findest du die richtige Seite? Trage die Zahl ein!

Auf Seite ____ steht ein Mal **Bärenfell.**

Auf Seite ____ steht zwei Mal **Kiste.**

Auf Seite ____ steht ein Mal **Donnerberg.**

Kreuz und quer

Fülle die Kästchen aus!
Benutze nur Großbuchstaben:
Kiste → KISTE

Lösungen
Rätsel 1: Lunte, schmollt, Kuchen
Rätsel 2: 17, 23, 39
Rätsel 3: Schiff, Schnabel, Baumhaus, Mutter, Wellen

Rätsel 4

Rätsel für die Rabenpost

Fülle die Lücken aus. Trage die Buchstaben in die richtigen Kästchen ein. So findest du das Lösungswort für die Rabenpost heraus!

Snabl ist eine

	Ö	1	E

. (Seite 7)

Trixi schminkt dem Drachen einen

2		S	S			3	D

. (Seite 9)

Im Baumhaus liegt Trixi in einer

	Ä		4				T	T	

. (Seite 13)

Trixi versteckt sich in einer

T	5		H	

. (Seite 17)

Lösungswort:

1	I	2	I	3	4	E	5

Rabenpost

Herzlichen Glückwunsch!

Du hast das ganze Buch geschafft und die Rätsel gelöst, super!!!

Jetzt ist es Zeit für die Rabenpost. Wenn du das Lösungswort auf Seite 42 herausgefunden hast, kannst du tolle Preise gewinnen!

Gib es auf der Leserabe Website ein

▸ www.leserabe.de,

mail es uns ▸ leserabe@ravensburger.de

oder schick es mit der Post.

Lösungswort:

An
den LESERABEN
RABENPOST
Postfach 2007
88190 Ravensburg
Deutschland

Leichter lesen lernen mit der
Silbenmethode

Durch die Kennzeichnung der einzelnen Silben in Rot und Blau lernen Kinder leichter lesen. Das gelingt so:

- Die einzelnen Wörter werden in Buchstabengruppen aufgeteilt. Diese kleinen Gruppen sind leichter zu erfassen als das ganze Wort.
- Die Buchstabengruppen sind ganz besondere Einheiten: Sie zeigen die **Sprech-Silben** an, den Schlüssel, um ein Wort richtig lesen und verstehen zu können.

Zum Beispiel können bei dem Wort „Giraffe“ auch die ersten drei Buchstaben „Gir“ als Gruppe gelesen werden: Gir - af - fe. Das könnte dann der Name einer besonderen Affenart sein.

Mit den farbigen Silben dagegen werden sofort die richtigen Buchstabengruppen erkannt: **Giraffe**. Beim Lesen ergibt sich automatisch der richtige Sinn: Es ist das Tier mit dem langen Hals gemeint.

Dadurch lesen alle Leseanfänger leichter und besser – und auch die nicht so starken Leser können schneller Erfolge erzielen.

Die farbigen Silben helfen aber nicht nur beim Lesen, sondern auch bei der **Rechtschreibung**. Der Leseanfänger nimmt von Anfang an die Silbengliederung der Wörter wahr – und kann so die richtige Schreibweise ableiten.

Die original Mildenberger Silbenmethode wird seit über einem Jahrzehnt an vielen Grundschulen unterrichtet und führt bei Kindern nachweislich zu schnellerem Leseerfolg.

Weitere Informationen zur Silbenmethode auf:
www.silbenmethode.de